다원시선 2st

김춘성 시집
우리 얘기 좀 해요

도서출판 다원

다원시선 2st

김춘성 시인의
우리 애기 좀 해요

초판 1쇄 발행 2024년 12월 16일

지은이 김춘성

펴낸이 권혜령
편집디자인 이명호
펴낸곳 도서출판 다원
주소 경기도 수원시 팔달구 향교로 80, 201호
전화 031-302-2233 **팩스** 031-243-2230
이메일 leemh337@naver.com
출판등록 2020년 11월 16일 제77-2020-000091호

ISBN 979-11-975280-0-2
값 10,000원

※ 잘못된 책은 바꾸어 드립니다.
※ 이 책은 저작권법에 의하여 보호를 받는 저작물이므로 무단 전재와 복제를 금합니다.

✍ 또, 한, 숨.

떠나면 무엇이든 새롭고... 그렇게 이루어진 곳으로 이어질 것이라 믿었었다.
그렇게 본류를 훌쩍 벗어난 이유는 세태의 흐름이라 의심치 않았었다.
그러던 것이
이리저리 채이면서 어긋나다보면 그것이 그것이라는 것을 알게되고 결국 처음 마음 두었던 곳이 그 곳임을 알아차렸다.
그러니 왜 부끄럽지않을 것이며 왜 죄송치 않을 것인가.

"서정抒情아, 미안해"

/ 김춘성

목 차

풀꽃 졸곡卒哭 ………………………………………… 11
거기 벤치가 있었네 ………………………………… 12
축 결혼 ………………………………………………… 13
어떤날 거기에서 ……………………………………… 14
위도 - 1 ………………………………………………… 15
당신이 하느님 ………………………………………… 16
어머니의 여름 ………………………………………… 17
그림자 ………………………………………………… 18
아홉수 ………………………………………………… 19
위도 - 2 ………………………………………………… 20
지팡이 ………………………………………………… 21
충돌하는 기억 ………………………………………… 22
위도 - 3 ………………………………………………… 23
경계에서 ……………………………………………… 24
양배추 김치 …………………………………………… 25
야윈 내장大腸 ………………………………………… 26
위도 - 4 ………………………………………………… 27
"글먼 쓰간디" ………………………………………… 28
꿈에서 만난 마리아 ………………………………… 29
어처구니가 사는 집 ………………………………… 30

5

아침마다 서는 비늘	31
이끼의 오류	32
미망迷妄	33
삼시세끼	34
무상無上	35
우체국은 왜 아련할까	36
가을이 원래 그렇지	37
괜찮아 - 11	38
희망과 욕심	39
무무당 일기	40
편지 - 4	41
황량역荒凉驛	42
위도 - 5	43
하늘에 올라 하늘을 보니	44
그리움도 지치면	45
까치야 울지 마	46
가을 멜로디언 소리	47
구토	48
위도 - 6	49
늦은 밤 가로등 아래서	50
괜찮다. 는 불편함과 괜찮아. 라는 어색함	51
타계他界	52
홀로 남는다는 것은	53
하루 - 2	54
편지 - 25	55

여지없는 여지	56
소지燒紙	57
Misa	58
제단祭壇 위에 꽃을	59
별똥별	60
홍시 - 2	61
빨간색 지붕의 우체국	62
용서와 현기증	63
청자青瓷	64
그런 겨울이면 좋겠다	65
침묵으로 드는 노을	66
루저의 루틴	67
너도 알고 나도 알고	68
목탁의 향수鄕愁	69
시간은 언제나 묘했어	70
중	71
피로 섞이는 역사	72
절집에 내리는 눈	73
허망이나 미망	74
늙은 사내의 등	75
파란 노을의 용접	76
마음 속 옷핀 하나	77
백열등 졸던 밥상	78
매미	79
먹고 산다는 것이 그렇다	80

아득하면 쓸쓸한 것 …………………………………… 81

백엽白葉 …………………………………………………… 82

안개 프로세스 …………………………………………… 83

울지 마 …………………………………………………… 84

"우리 얘기 좀 해요" - 1 ………………………………… 85

"우리 얘기 좀 해요" - 2 ………………………………… 86

"우리 얘기 좀 해요" - 3 ………………………………… 87

"우리 얘기 좀 해요" - 4 ………………………………… 88

"우리 얘기 좀 해요" - 5 ………………………………… 89

가을 꽃밭에서 …………………………………………… 90

그 계절이 되면 …………………………………………… 91

때로는 못 본 척하며 …………………………………… 92

그리워할 것이 없으면 ………………………………… 93

가봉 ………………………………………………………… 94

Beyond …………………………………………………… 95

꽃의 채찍 ………………………………………………… 96

병瓶의 이유 ……………………………………………… 97

조롱받는 사람 …………………………………………… 98

너무 다른 꿈의 행복 …………………………………… 99

꿈에 ………………………………………………………… 100

늙은 가수의 무대 ……………………………………… 101

소리 ………………………………………………………… 102

초가실 아침에 내리는 비 ……………………………… 103

다시 자책의 아름다움을 생각하며 …………………… 104

추운 날의 별 …………………………………………… 105

포옹	106
너무 깊게 감추어 놓았나?	107
굴락	108
숲의 표면적	109
집	110
바람과 숲	111
목차	112
거미	113
환절기	114
나는 팍팍하지 않기로 했다	115
밭드에 핀 파꽃	116

풀꽃 졸곡(卒哭)

소슬한 울안으로 풀꽃
이름 없다고 남의 꽃이랴.

설명하지 않아도 어느덧 세상이 다 아는
풍경으로 어우러진 너는 이제, 그만 울어라.

거기 벤치가 있었네

밤이 되면 벤치는 무엇을 할까.
그는 늘 밖에서 혼자 있거나 남겨졌으니까.
가끔 누군가 그와 함께하긴 하지만 그들은 그의 힘이 될 수 없는, 그가 도와주어야 할 것들이었으니까.
이따금 아주 상큼한 이파리들이나 생긋거리는 것들이 오기도 했지만, 그들은 어느 한 계절 아주 잠깐 앉았다 곧바로 떠나버려 그와는 깊은 이야기를 나누기란 서로 어색한 거지.
바람이 가고 나면 하얀 백설이 찾아와 한동안 진득하게 머물기도 했지만, 그도 조금 시간이 지나면 본모습이 드러나 늘 마음만 상해 눈물을 흘려야 했지.
그래도 그나마 그가 마음 넉넉히 하는 때는, 하룻밤이나 며칠, 낮이나 밤이나 무턱대고 긴 잠을 자고 떠나는 사람이 두고 간 빈 병들의 공명.
자기를 위한 것이 아닌 것들은 안으로 들지 않는 것인가? 그저 밖에서 우두커니 우두컨한 것인가?

축 결혼

사랑하는 사람아.
그대, 사랑으로 태어나 사랑으로 살며,
사랑하는 사람을 만나, 사랑으로 뭉쳐,
오늘, 사랑하는 사람들과 함께
오직, 사랑을 다짐하는 날.
하느님까지 그대를 기억하여
더 깊고 영원한 사랑의
새 문을 여나니, 그대여
미움도 사랑 안에서
원망도 사랑 안에서
아쉬움도 사랑 안에서
삶도 사랑 안에서
오직 사랑 안에서
그대 사랑을 피워 내시라
하느님이 하신 말 기억하여
그대 오롯이
그 길을 따라
그대
"나를 기억하여 이를 행하여라."

어떤날 거기에서

슬퍼졌던 날, 힘겨웠던 날, 빗방울을 받아낼 수 없던 날, 함께 울어버리던 날.
손끝부터 뜨거움이 몸속으로 흘러들었고 내 감옥에서는 엄지손톱만 한 창밖으로 멀리 파도가 보였다.
다행히 석양의 파도는 지쳐 세게 솟구치며 밀고 들이치려 하지도 않았다.
어떤 날에는 엄지의 창으로 자작나무 숲이 삼림으로 펼쳐지기도 했고 길게 달리는 작은 실 같은 길을 따라 백두에 들기도 했지
거기에서는 우산이 필요 없지만 비는 늘 들이쳤어.
가장 쏟아지는 날은 달리는 시간이 서 있는 소리였고
그들이 싸우는 날은 격랑이 일지
창문은 경사진 언덕 위로 뚫려 있는 비탈이어서
바닥의 마루를 기어 손톱이 휘어지도록 벽을 기어올라야 할 수밖에 없지
천둥은 지상의 악령을 무서운 소리로 축출해 내는 것이지
그러니 큰소리를 두려워할 것은 없어 다만 저, 저, 소리들이 문제이지

위도 - 1

스치지 못한 바람이 살갗에 달라붙어 간기로 채근한다.
끈적끈적 집착인가, 따끔따끔 경고인가.
가슴을 꺼내어 대양을 훑어온 바닷바람의 냉정함을 맞이하라.
살갗을 틀어쥐고 찌르는 창의 몽매함을 맞으라.
어쩔 수 없이 믿었던 것들과
기진해 스러지는 믿어야 할 것들을 편안히 상대하라.
홀로 깃대에 올라 토하는 갈매기의 소리를 들어라.

당신이 하느님

하느님이 계시다면, 주여
하느님이 계시다면, 주여
진정 하느님이 계신다면, 주여
진정 하느님이 계신다면, 주여

열날 열 밤을 무릎 꿇어
백날 백 밤을 끌어안고
천날 천 밤을 엎드려 비오니
이제, 이 민족을 놓아주소서.

겨레의 작은 바람들 거대한 합창으로 모아 외치니
저희를 자유롭게 하소서.
저희를 위대하게 하소서.
저희를 평화롭게 하소서.

무엇보다 서로
서로 함께할 수 있게 해주소서
먼저 달려가 흔쾌히 보듬을 수 있도록 해주소서
서로 비껴가지 않도록 해주소서
서로 가슴 속 태양을 껴안도록 해주소서.

어머니의 여름

무쇠 솥뚜껑 지붕으로 낙숫물 맺힐 때
어머니 온몸을 훑어 내리는 방울들

이글거리는 햇볕을 머리에 이고
더 활활 타오르는 검붉은 불덩이를 가슴에 쟁여 넣으며

가느다란 숙명을 되작거리며
기어이 뽀얀 국물을 우려내고야 마는

염천

어머니를 고아낸 그 뽀얀 젖물을
아무런 생각도 없이 먹었던 것이다.
마셨던 것이다. 어 머 니.를

그림자

그 빛은 맑아 어느 눈에도 보이지 않는 은총
끝으로 만난 어둠은 깜깜하지만 그림자로 부활해
나를 비춰 지난 빛은 그대로 따라붙어 세상에 님의 소리를 기억시킨다
어디까지는 아무런 말도 없이 뒤따르거나 곁을 내주더니
언제부터인가 살그머니 앞서 나를 끌고 가는 살아 있는 님의 손길

아홉수

덜커덕, 하는 거지
그래서 마음, 억지로라도 쉬어야 하는 것이지.
보아. 구둔역의 멈춤을
구둔에서 내리지 않는 시간은 반역이야.
보아. 단숨에 령(嶺)을 넘는 모든 열차의 헉헉거림을
그러니
아홉에서 맞는 덜커덩거림을 거역하지 마.
아홉을 지남은 최후의 은밀한 모반이니
자, 여기서 내려 역을 감싼 코스모스의 푸른 혈관을
나의 핏줄을 비추는 마지막 햇볕의 온도를 담아
그리고 너무 늦지 않도록
이미 깔린 궤도에 올라 체온을 내리는 거야.
오직 거기뿐인 구둔의 아홉수.

위도 - 2

섬의 옆구리를 돌아 팔을 뻗어 두른 한 품 넘어
바다는 더 많은 섬의 뿌리를 감추어 두었습니다.
잔잔한 바다의 군청색 얼굴을 보며 히브리노예들의 합창을 듣습니다.
섬의 한 손을 얻으며 더 큰 섬의 버림을 간구합니다.
하오니 하느님 저를 위하여 빌어주소서.
저 섬에 두고 온 계절과 건너온 계절을 살펴 주소서.
파릇한 들장미 작은 꽃 하얀 몇 송이를 기억해 주소서.

지팡이

내가 의지해 왔던 것이었는데, 그는 오직 슬픔으로 지탱해 왔다고 고백하는 저녁나절.

수고한 그의 해진 신발을 벗겨 내려다보는데

아무 말 없이 떠받쳐 온 그의 그가, 누구도 모르게 감추어 둔 나의 지팡이였다니.

이 슬픔 무거움에 내릴 때쯤, 그 꼿꼿했던 견딤도 기어이 내려 주저앉겠지.

충돌하는 기억

회색 구름으로 서성거리며 마음속 번개를 다듬거나
아예 그쯤에서 우레를 쏟아 위태로움을 찢어 버리기도 하지

교착되었던 전선은 아연 활기를 띄워
조심스레 가꾸었던 꽃밭을 무질러 버리는 것이지

그러게, 긴 시간을 흘러온 기억이란 위험한 보관이어서

같은 눈을 서로 달리 돌리면

새로운 기억 안으로 들어가는 거지
각자 꽃을 심어보는 거지

그 꽃들 부딪혀 서로의 심장을 할퀴어 댈 줄 모르는 거지
 그러니 기억은 영원한 평행의 선을 그으며 서로 만나지 않는 기차를 타는 것이 좋아

위도 - 3

반듯하던 잠이 뒤척이자 하늘이 우르르 쏟아져 바다에 든다.

미망의 발버둥들이 뒤섞이자 풍랑의 끝이 하늘을 찌르러 출렁거린다.

적막한 면벽面壁, 대 혼돈을 쫓는 공활한 미명의 모습.

척박해서 밀려났던 하루가 또다시 끌려와 무릎을 꿇는 거룩한 굴종의 사슬.

경계에서

겨우, 끄트머리를 잡아
무진霧津에 들었지만
이런 무중력의 진공도 잠시
곧 알 수 없는 공황의 혼돈

떨쳐놓고 온 것들이 찾아들리.
외로움 또 고독을 찾는 눈을 두리번거리리.
주섬주섬 먼 경계를 찾아 조붓거리리.

양배추 김치

어머니, 가난한 여름 낮에 만난
이 귀한 김치는 무슨 맛이랍니까.

씁쓸하게 첫맛을 당기지 않으며
마침내 제 몸의 즙, 드러내지 않으며
여름 고춧가루 또한 어울리지 못해 드문드문

몇 번 올린 분가루까지 가릴 것 가리지 못해
처음 보는 얼굴색 슴슴해 무엇도 아닌
이 김치를 어머니가 담근 거랍니까.

몇 고개 너머 버짐꽃 피던 계절
어머니가 조물조물 내놓던 점심상에
난데없던 양배추김치의 속사정이
지금도 궁금하지만 그보다는
긴 장마 지냈을 어머니 산집 사정은 어떠한지.

야윈 내장(內腸)

야윈 만년필을 달래어 용기를 써 본다.

색 바랜 원고지 칸을 넘는 글씨가 힘겨워한다.

줄을 뛰어넘을 때는 식은땀을 떨구고야 만다.

앉혀놓은 글씨들의 다리는 허약하여

도무지 일어서기가 어렵고 위태롭다.

부들부들 떠는 놈을 달래 속내를 열어보니

튜브 군데군데가 삭아 제 안에서 미리

울고 있었다.

놈은 소리를 감추고 싶었구나.

가을꽃 사위는 서리들.

위도 - 4

다 그러하구나.

혼술을 마친 새벽
왼쪽 하늘에
나를 빠져나간 한숨들이 뭉쳐 떠 있네

밤새워 가꾼 고랑 사이로 이랑을 내린 눈물들이 식고
증발을 멈춘 아침으로 드러나는 자국들
바로 어제 부린 남의 짐들이, 새로 짊어진 나의 짐들이

그래, 다 그러하구나.

육탈된 가지의 골격에 오직 달큰한 간기를 염한 후
몇 바퀴 다글다글 갈아버린 재로 한 벌 헹궈 낸 거지

"글먼 쓰간디"

백 년을 넘기신 홀아버지를 홀로 모시며

고수古水 두평에서 농사를 짓는 한수성네 하우스 고추에 희아리가 들어

"어떻게든 팔아야 하지 않겠냐"고 안타까워했더니

한수 성 하는 말이
"에끼 이 사람아 그러면 쓰것능가,
그럴라먼 뭣허러 농사 짓겄능가,
그런 맘 가지면 못 써"

"글먼 쓰간디,,,"라고 하늘에 점을 찍어 버리네.

푸른 하늘 높이 희아리꽃이 거룩하다.
아이고 한수 성, 우리 하느님.

꿈에서 만난 마리아

꿈에서
'이프, 하느님이 안 계신다면?' 이라는 시험문제를 만났다.

정답은
'이것들이 형편없이 살았네, 아주 제 맘대로 살았어...'인데,

답을 쓰지 못해 고개 숙여 엎드려 있는데 엄청 넓고 따스한 숄더를 걸친 여인이 다가와 나를 토닥여 준다.

"괜찮다. 이제부터라도 착하게 살아 보렴."

어처구니가 사는 집

맷돌은 미륵으로 누워 있는데
구백아흔아홉 부러진 어처구니들이 사는 집으로
생솔가지 하나가 목을 꺾고 길을 뛰쳐나간다.

일탈인가. 이탈인가. 열반인가.

밤새 부서진 별들은 아침에 바람이 되어 몰락하고
몰락은 다 똑같아 그 끝에서 허허로움을 알고
서로 웃으며 용서하고 이해하고 품는다.

지지 않는 떠오름이 있던가.

아침마다 서는 비늘

매서움을 밖으로 쫓아낸 눈마저 서릿발로 막아버리는
겨울이, 뭐 이 정도는 되어야지요.
성에 낀 창으로 눈꽃, 생활들이 피었습니다.
이런 새벽길을 나섬은 꼭 혁명의 출진 같아서
어두운 미명을 뚫어보는 눈빛이 사랑스럽습니다.

없는 것들은 이 아침부터 서로 찡긋거리며 속을 비워버립니다.
뜨겁게 달궈진 상상의 각오를 매몰찬 냉기에 지쳐버리는 것이지요.
탕, 탕, 탕. 내동댕이치는 단련의 연마.
애린愛鱗이겠지요. 역린의 비늘, 인 것이지요.
저 무심한 하품과 지긋하게 감은 눈의 은밀한 발기.

이끼의 오류

가난하던 시절을 마주치면
왜 그때는 추웠다. 고 기억할까?

명징하고 맑았던 그 시절을 왜 가난했다고 기억하며
왜 가난은 춥다. 고 할까?

그 시리도록 푸르던 시절들은 왜 시원하지 않았을까.

깊은 계곡을 거슬러 죽기로 탐험을 마치면
거기, 파르라니 굳어 있는 끼니의 사슬들을 만나게 되고

그때야 서늘함을 알게 되지.
모든 나날이 시원했음을, 그렇게 춥지 않았음을, 빛의 겨를이 없었음을.

미망 迷妄

그가 나를 아주 좋아했을, 거라는
내가 그의 첫사랑이었을, 거라는

그런 그를 몰라라 했던 그때가 정말 그래서
미망에 갇혀 팔딱거리는 그 꼬리 짓에

가슴에 비늘들 벗겨지는 퇴근길
그는 생각지도 않는 엄청난 일

삼시세끼

누군가 죽었어도
누군가는 먹어야 하고
정신없이 기쁘고 슬퍼도 틈틈이 찾아 챙겨 먹어야 하는

살아야 한다는 핑계를 쥐고 쏟아지는 폭포를 거슬러 오르며
죽어가기 위해, 살아내기 위해, 기어이 먹어야 하는
끼니의 사슬, 무시무시하도록 무서운 계율.

무상 無上

혼자 깊게 있다 보면 마침내 그럴 필요가 전혀 없다는 걸 알게 되는데
왜 혼자 그냥 있으면 자꾸만 그렇다는 미망에 잠기게 되는 걸까.

그러니까, 혼자라는 것이 결국
명징한 홀로의 오롯한 자유의 깊고 깊은
해탈의 가르침인데도, 이끌림인데도,

그러니까, 사람이라는 멍에를 쓰고 있는 축복일 거야.
그래서 축복은 은총, 행복일 거야.
물보라가 보라색을 넘은 무상 無上에 오르듯

우체국은 왜 아련할까

우체통 색깔은 왜 붉게 설레는가. 이미 죽었을 테지만 그냥 실종으로 처리해 두고 있는 안타까운 위안, 언제 끝날지 모르는 자위,

실종된 죽음 같은 우체국. 흰 눈 속에 피어난 홍매화처럼 흰 눈 위로 토해낸 청춘의 각혈, 초경의 꽃잎 같은, 색깔들의 맺힘.

성에로 굳어진 사연들은 문밖 처마에 매달려 겨울 한 시절을 보냈던 거야. 오는 봄이면 담긴 세월을 꺼낼 수 있을까. 부칠 수 있을까.

가을이 원래 그렇지

들꽃들
보이지도 않은 눈들이 하늘로 올라 별이 되는 것이겠지
그러기에 노랑이나 하얀 가을들이 하나둘 보이지 않게 사라지는 것이겠지
살갗으로 스르르 두드려 돋아 잠깐 흐르는 소름
먼 시절을 돌아 나타난 양하의
색깔, 몸짓, 향기, 씁쓸하고도 달큰한.

괜찮아-11

괜찮아.

정말 괜찮아.

너만 괜찮으면 돼.

아무도 아무렇지 않으니 정말 괜찮은 거야.

괜찮아. 봐, 괜찮잖아?

햇빛도 돌아오고 다시 하늘도 높잖아.

희망과 욕심

되고 싶다. 와, 되어보고 싶다.

되고 싶다. 는 분명한 결단
희망의 꼭짓점, 오로지 거기까지 더이상 바라지 않는 끝.

하지만 되어보고 싶다. 는
다른 되어보고 싶다. 들을 품어 감추어 둔 희망의 갈피, 만족 없는 욕심.

이라는 생각을 해보며 내가 가질 수 있는, 하고 싶다. 와 해보고 싶다. 를 둘러보는데
 자꾸만 다른 사람들은 어떤지 곁눈이 가는

 희망과 욕심

무무당 일기

백설 버섯꽃들 몸서리치는
신현리 서재에서 담뱃불을 켠다.
절규로 가득한 습기는 이미 빙점에 내리고
서가에 갇힌 책들의 눈물
부초 같은 사유들은 허공으로
얼어, 얼어, 떠 있다.

부동자세다.

이 짧은 불기가, 더불어 오른 연기가,
고독한 결빙을 쓰다듬어
언제, 저 눈물을 흐르게 하고
기어이, 저 눈물들을 말릴 것인가.
세월을 미워해서는 안 된다.
지금은 이 눈물들 말려야 함에

편지 -4

나는 식목학자야.

물론 처음부터 이 길로 들어서지는 않았지만 내가 골라 길러낸 나무들이 상품성을 획득하지 못하곤 해서 생활은 늘 전전긍긍했어.

그러다 나 같이 처진 나무 몇 그루를 다듬어 보았더니 사람들의 눈길을 제법 끌어왔어. 그렇다고 그것들이 날개를 달거나 하지는 않고 가끔 놀라고 가는 뭐 그런 정도였지.

그런 어느 날 밤, 장차 어떻게 살아야 하나 생각하며 홀로 있는데 그중 한 나무가 나에게 자기들이랑 함께 살자는 거야. 자기들이 나를 키워주겠다는 거였어.

대신 자기들이 팔려나가지 않도록 잘 지켜달라고 했어. 그렇게 해서 이 길에 들어섰던 거야.

이제 농장에 그와 나만 남았어.

학문의 길이란 게 그래, 내일은 처진 나뭇가지들을 태워버리려 해.

황량역 荒凉驛

비울 거리들을 찾다 보니 여기까지 왔다
처음 떠났던 황량역

물기 없이 날리는 싸락눈조차 잡아둘 수 없던 날
흩날리던 나를 부추겼던 건 헐벗음을 벗어나
무엇이든 붙들어 잡고 꽉 꽉 채우려는 욕망이 결정적이었고
나는 처음부터 무서움 없이 돌진, 되는대로 주워 꾹꾹 눌러 담았지

그러다가 어느 날 비워야 한다는 천둥이 몰아쳐
걸신들린 아귀처럼 먹어 챙긴 욕심들 비워 내려, 하나,
둘, 찾아 바랑의 속 바닥끝까지 샅샅이 뒤져 보아도 찾지를 못해
혹시 잃어버렸나 해서 되짚어 온 생애를 탈탈 털다 보니

겨우 제자리로 끌려온 거였고 모두 까뒤집어 보아도 사실
비울 것 하나도 없었어. 채운 것도 없는데 뭘 비우겠어.
원래 없는 거였는데 그것을 비우겠다고 조바심치고 나대고 다녔으니

나라는 인간도 참으로 어쩔 수 없는 짐승이긴 해
겨울역이 늘 그렇고 그렇게 스산하게 흩날리듯

위도 - 5

어쩌다 찾았던 바다는
그때마다 텅 비어 그저 충만하기를 바랐었는데

한참 세월 지나 찾은 바다는
가득 찬 밀물로 오히려 무거워 뚫린 여백이 가엾다

그럴 것이다
그런 것이다

시간은 믿어야 할 것들을, 믿었던 것들을
믿을 것들을 차차 감추어 묻어버리는 것이다

사라지는 믿음
스러지는 믿음

믿음을 묻어버린 밀물 앞에서 강제된 믿음을, 믿음들을 쳐다본다.

하늘에 올라 하늘을 보니

푸르던 하늘

바삐 다가와 보니

뿌연 수증기 속에

애끓는 거품

들,

뿐.

그리움도 지치면

눈을 감아 그리워해야 할 아무것도 없어지자
얇은 살갗을 흐르던 물길마저 말라
이윽고 피어나는 포연, 더 멀어져 가는 것들

그리움도 한때
그리워했던 것들도 언젠가는 지쳐 스러지고야 마는 몸부림이었어

허방을 타는 연주였어
그리움을 그리워하는 독주
탈대로 다 타버린 메타세콰이어 불꽃

까치야 울지 마

님 오실 기척에 눈 감아 애태우는 줄 위로

새 한 마리 내려와 지저귄다.

"까치야 소리 내지 마"

님 오시다 되돌아가실지도 몰라.

가을 멜로디언 소리

가을 멜로디언 소리는
무심한 코스모스 핏줄 땅속으로 내리고

오마던 님은 기척만 보내
하마 석양이 내린다

님 오실까 눈 감고 하늘길 열어
고요히 그리움 찾는
얼굴, 물끄러미 보이는 곳으로

닿으면 데일 듯 뜨겁게 맺힌 사연들
미처 다하지 못하고
차마 다 할 수도 없는
님 그리는 거리만큼 아지랑이 지는 소리

멜로디언마저 무심하지 않는다면 가을은 폭발하고 말테지

구토

오르고 나서야 뛰어내릴 수 있는
속 깊은 부글거림이 마침내
끓어, 한걸음에 달려올라
모든 출입을 일축하고 문을 열어젖히는 것
나를 확인하는 것, 진실의 근원을 사살하는 것
목을 꺾는 것
무릎을 꺾는 것
두 손을 내밀어 자복하는 것
디오니소스의 동굴 안에서 홀로 처연해지는 것
엄숙한 채찍의 자해로 이루는 해탈

위도 - 6

내가 사귀었던 계절을 만난다. 바닷가에서
빈 목선에 담긴 지나간 계절의 바람이나 향기를 맡는다.
그때는, 거기로부터 새로운 뱃길로
먼 항해를 시작하는 것으로 알았는데
거기는, 바로 계절의 끝머리였던 것을
누구도 내게 계절은 바뀌는 것이란 것을
알려주지 않았다
사랑의 소중함을 누가 누구에게 선뜻 알려줄 수나 있을 것인가.
친절하지 않은 계절은
끝과 시작이 같다며 얼버무렸고
행복이나 사랑은 그냥 꿈으로 받아들였다.
바다는 파도에 하얀 옷을 입혀 보내
계절의 어깨를 쓰다듬으며
귀중한 것을 하나씩만 가르쳐 주었다.
나의 사귐이 늘 그랬다.
쓸려간 줄 알았던 계절이 다시 밀려오고
또 사귀어야 할 계절 앞에
나는 꿇어야 한다. 바닷가에서

늦은 밤 가로등 아래서

가을바람이 오동나무 이파리의 그림자를 흔들자 등줄기로 성에가 스며들었다.

늦은 밤 가로등을 살짝 비껴나 불빛의 영역을 살펴보던 흉계가 들켜버린 의혹에 몰린다.

확장될 수 없는 영토를 물려받은 군주의 가을밤은 적막한 긴장을 지키는 한 자루 긴 칼.

이름 없는 잎의 흔들리는 그림자에도 흠칫거리는 칼집 속 부들거리는 떨림.

잎도 칼도 서로를 몰라 겨누어 날이 서는 시간, 계절, 세월.

괜찮다. 는 불편함과 괜찮아. 라는 어색함

괜찮다. 고 내게 말 하지 마
괜찮을 거, 라며 등을 도닥이는 너의 손길이 떨려
나는 이미 괜찮으니
나보다 네가 괜찮으면 좋겠어, 정말
어차피 내가 가는 나의 결정
너의 떨리는 걱정은 우리가 하나이기 때문
스스로 다독이는 괜찮다는 말 내게 하지 마
너의 괜찮다는 위로가 나는 괜찮지 않아
너의 그 마음이 나를 더 괜찮지 않게 해
그래도 난 괜찮아 우린 괜찮아야 하니까
보아. 내가 괜찮으니 너도 괜찮을 거야
괜찮아, 괜찮잖아? 괜찮아. 우리는 괜찮은 거야.

타계 他界

바깥으로 비켜 누워 하늘로 육탈을 마치면
대부분 바람이 되거나 더러 꽃이나 나비, 새가 되기도 하는 질서 있는 레이스.
마침내 경계를 벗어버리는 무상無上의 대 황홀.

홀로 남는다는 것은

인적이 끊겨가는 길에 분향의 흔적만 남고
눈 속을 콸콸 흐르던 급류도 마침내 졸아들어

멀리 드러누워 버린 노을의 탄흔 질펀한 이제
들녘은 질서 있는 동력으로 물레를 자아 넘기고

먼저 넘겼던 것들이 곧 새롭게 씻겨 올라올 것이리
혼자라는 것도 그러한 애초의 약속된 사실

다만 내가 오랫동안 깜빡했던 그윽한 홀림.

하루-2

노을 같은 해가 뜬다
아침과 저녁의 아릿함이 이토록이거늘
그런 고목의 멱살을 잡고 매미는 평생을 귓속으로 이이잉거린다
관심받지 못한 소리는 끝없는 관성으로 레일에 얹혀 날아가고
하루의 출몰이란 의례나 장례여서 그때만 경건한 것이다
모든 사이의 커다란 공활은 허방인 것이지
나누어진 처음이나 끝도 다 이어진 것이지

편지-25

일 년 중 최고로 춥다는 날 새벽
적막마저 얼어붙어 팽팽한 소름
쨍그랑 소리를 내며 뛰쳐나가
어둠이나 고요함의 흑막을 찢어 버리고
어디든 첫 버스에 올라
주눅 든 유리창들 가슴에 지문을 박아
이제 막 눈물 내린 솥뚜껑 훈김
후후 불어 후루룩 마시고 싶네요.

이런 날은 그렇게 먼 것들만 찾게 되나 봐요.

이토록 달뜬 새벽이라니요, 산중의 내 친구 스님도
의젓하게 앉아 찻물 공양을 저으시겠어요.

여지없는 여지

마지막 겨울비 인지, 첫 봄비인지
실패를 감지한 모반들이 흐느적댄다.

대오를 정렬하는 호각 소리도 없이
잔 술기운으로 내딛는 행군이 안쓰럽다.

처음 받은 정기휴가가 마지막 휴가다
계절의 잔혹함은 한결같은 것이다.

소지 燒紙

한 생을 모아 지방紙榜에 적어보려 지나온 날들을 줄 세워보니

백지 한 장 휘어지도록 무거워
깊고 깊은 숨을 마셨다 내쉬니

한 세상 바람이 되어 너울너울
하늘로 난다.

종이 한 장, 무거웠던 사람이 날아간다.

Misa

주일미사는 내가 나의 믿음을 알현하는 숙임
그러기 위해 뿌연 거울을 닦고 공손하게 꿇어 낱낱이 고백하여 엎드린 다음
행여 누가 볼세라 벌겋게 상기된 얼굴을 숨기고
준엄한 심판을 두말없이 기다려 받는 염치 불고한 시간.
이제 더 그러지 않겠습니다. 다짐을 굳게 다지며 가슴을 치고 입술을 깨무는
 그러면서 다가올 다음 미사를 두려워하며 어쩔 수 없이 하늘로 두 손을 맞잡아
올리는 간절한 시간.

제단祭壇 위에 꽃을

꽃을 놓아둠은 내가 거기 머물고 있다는 것을 알려 그를 안심하게 하는 것이다. 외롭지 않게 하는 것이다. 무서워하지 않게 하는 것이다.

이 산속에서, 이 추위를, 그가 어떻게 혼자서 이길 것인가. 뿌리 잘 내려 깊게 내리는 꽃의 혈관을 타고 들어가 그의 방문을 열고 싶어서이다.

내면에 머물기 좋은, 그냥 꽃으로

별똥별

이승의 누구 하나 죽으면 사람의 별 하나가 별똥별로 떨어진다는데
나 죽어 하늘에 올라 들어갈 별자리까지 만들어 놓고 별이 될 거라 했는데

별똥별 후두둑 떨어지는 저녁
길을 가다가 나를 닮은 별을 보았다.

내가 이미 별이란 말인가.
내가 이미 하늘에 올랐다는 것인가.

홍시-2

"이것 좀 자시게"

가을볕 마루에 앉아있던 나에게 꺼내주신 홍시

"기운 잃지 마시게"

가슴 속에서 한 알 더 꺼내어 주신 따뜻한 햇볕

그날, 장모님은 용서와 화해를 덜어낸 자리에 흙을 담으셨던 것

홍시를 볼 때마다 만나는 붉은 두 눈망울

빨간색 지붕의 우체국

넘쳐버린 수줍음이 오른 지붕 위로
능금의 터져버린 농염이 내려
사랑이란
언젠가는 드러나 끝끝내 감추어 둘 수 없는
가슴앓이의 타오름임을
어쩔 수 없이 인정해야만 하는 가을

커다란 유리창 가득 온통 빨간 계절을 보며
문밖에 서 있는 빨간 우체통 안에 담을 편지
한 장에 눌러 쓸 마음들을 가지런하게 추려보는데
뺨으로 달려와 붙는 바람결에
벌써 화르르 붙어 오르는 떨림
두근대는 가슴 첫 자에 묶여 어쩔 줄 몰라 하는

빨간색 지붕의 우체국이 보이는 저기
저 가을 코스모스

용서와 현기증

조금 더 자세하게 보겠다고
조금 더 돗수 높은 돋보기를 꼈더니
머릿속이 탁해지고 눈도 흐릿해져
당장 어지럽다.

인생, 더이상 자세히 알려 하지 말라는 것.
그런 것이다.

세상, 새로운 하늘은 더 없는 것이니
보이는 것만 보고 들리는 대로 듣고
잡힌 것대로만 만져
거기까지 만으로 헤아려 셈하라는 엄중한 눈짓.

청자 靑瓷

새벽 몸서리
끓는 회한의 찻물로
갈라져 드러나는 지나온 길.

그런 겨울이면 좋겠다

겨울이면 좋겠다.
늙은 라디에이터 제풀에 겨워 조는
오래된 병원 스프링 침대에 앉아, 창밖
싸락눈 내리는 교회를 돌아
읍내 장에나 다녀오는 아낙
버선 위로 드러난 발목
깊게 모자를 눌러쓰고 페달을 돌리는
하굣길 중학생의 자전거나
옆집 아저씨 눈썹 위로 흔들리는 눈발
들, 바라보며. 당장
쏟아낸 각혈의 흔적을 닦으며
이루어지지 않을 그런
사랑이나 꿈들, 그리다 어둠 속으로
이윽고 드는 밤. 같은, 그런
겨울이면 좋겠다.
펑펑 눈이 쏟아져 모든 것을 묻어버리고
일 마친 폭죽의 휴식한 며칠 고립되어 버리는
겨울이면 좋겠다.
사랑문 열어 놓고 취하지 않아도 좋을
술이나 마셨으면 좋겠다.

침묵으로 드는 노을

하느님. 지금 제가 무엇을 하는 것입니까.

하루가 땅거미 지는 초저녁 모퉁이에서
생활의 딸꾹질을 멈추지 못해
무릎 꿇고 노을 안으로 스며드는 지금

하느님. 제가 무엇을 하고 있어야 한답니까.

연초록 갓 피어난 잎들도
그냥 우수수 떨어져 내리는데
초록의 생명에 대해 나는
오늘 무엇을 했다고 말할 수 있어야겠습니까.

저 홀로 침묵으로 빠져드는 노을의
깊은 뒷모습을 어떻게 책임져야 하겠습니까.
이미 주신 일용할 양식에
제가 얼마나 순종으로 당신 속으로 들었습니까.

루저의 루틴

언제든 어디서든 드러누워
돌아갈 집에서 반겨 나오는
빛을 가슴에 담으며
하루를 죽이는 것이다.
죽음으로 가는 습관이지.

돌아갈 그때처럼
오늘도 결국 눕긴 누웠지만
허리를 구부리거나
엎드려 등을 내보여
별을 보진 않았다.

하루의 아쉬움이 부리는 앙탈
별 쪽으로는 눈길을 주지 않았다.
이런 날들이 돌아 돌아가면
그날은 반듯하게 하늘을 보며 눕겠지.
그리고 눈을 감을 것이다.

훗날에야 뻔한 것들이겠지만
지금은 당연히 모르는 것이니

너도 알고 나도 알고

나는 안다.
나무들도 안다.
스쳐 간 바람을 불러 물어봐도 안다.
밤과 낮을 함께 서러워했던 매미도 귀뚜라미도 다 안다.

목숨을 위해 고요했던 세상의 모든 것들이 다 알고 있는
저도 익히 알고 있는 그것을
세월 지났다고 모르는 체하는 그것까지
나는 다 안다.
너도 다 안다.

그러니 저네도 다 알 것이다.
다만, 나는 지긋이 바라보고
저네는 눈 감고 떠들어대지만
그 깊은 속까지 모두가 안다.

목탁의 향수鄕愁

한낮을 넘긴 볕은
울타리 넘어 내린 목탁의 품위
아무 말 없어도 의젓하고 늠름한 것이
가득 찬 논물에 들어선 시골 마을
창파의 윤슬로 찰랑거리고
뒤란 텃밭 마늘종 사이로
토실한 앞 냇물 따라갈 때쯤
두견도 목이 쉰 쓸쓸한 고요
초여름 오후 찾아든 진진한 향수

시간은 언제나 묘했어

손가락 사이로 얼마 남지 않은 담뱃불
홀쭉한 창으로 든 햇살은 벼랑에 꽂히고
벌거벗은 육신의 기진한 눈동자
시간은 탄력을 회복하지 못하고
상처투성이든 그나마 조금 행복하든
흘러가는 것은 시간.
크게 나쁘지도 않았고 썩 좋지도 못했던 시간
남들보다 거친 자상은 화인처럼 굵은 비를 긋고
자잘한 상흔들이야 누구나 뿌려져 있는 시간
무언가를 시작하기엔 어쩐지 늦은 듯하고
그렇다고 손을 놓아 버리긴 좀 어떤, 그런 시간 짧은 햇살의 사금파리.

중

하루하루가 힘들다.
나는 수행자다.
그래서 더욱 힘들다.
수행은 힘들고, 힘든 것은 모두 수행이다.
살아감이 그래서 힘든 것일지니
지금 힘들다면 치열한 수행 중이며
한 참 살아가는 중이라는 것.

피로 섞이는 역사

움켜쥔 술잔으로 산이 건너가 푸른 핏줄이 흐르고
파인 지문이 협곡을 만들어 역사가 우르렁 흘러간다.

기억은 하늘로 올라 콘도르 되어 맴돈다.
떠나지 못하는 어제를 돌기만 해서 어쩌겠다는 맴돌이인가.

마침내 으스러진 유리잔 붉은 피와 섞인다.

그랬구나. 그날 그랬던 것이, 그 전날 그랬었던 것이, 그다음 날 그랬던 것.
들이, 오늘 이렇게 쌓여 있구나.

어제는 무엇을 저질렀으며, 내일은 무엇으로 쌓여야 하나.
하늘 아래 꽃들, 새롭게 피어나는 것은 없구나.

지나온 길과 가야 할 길, 내가 받은 억겁의 길.
산이 되고 계곡이 되어 눈물 한 방울만 떨어뜨려도
내 손바닥의 출렁거림이 그대로 잔에 으르렁대는구나.

절집에 내리는 눈

적멸 속으로 펄펄 눈이 날리는 파루 전.罷漏 前
쌓이지 못하는 업장을 보다 못해 부처는 방문을 열고 뜰로 내렸다.

무책으로 내리는 억겁 운명들의 파편
안인 듯, 밖인 듯, 어느 공기의 중간쯤
짐짓 거리며 저희끼리 껴안아 이루는
결빙의 다비, 다비의 결빙.

찾아 앉을 곳이 없었다면
내리지 말아야 했음을 깨우치는 새벽.

솔잎 침에 찔려 열반하는 포말
천지간에 눈 내리는 소리
다비의 장작불 타오르는 소리.

허망이나 미망

돌려 생각해 보면, 생각하며 껴안고 산다는 것은 실은 다 그냥 그런 것일 뿐, 허망한 것이지.

몽매에도 잊을 수 없다고 목을 꺾고 가슴을 파내어 묻은 어머니라 할지라도 몇 날 며칠을 부둥켜안고 사는 것은 아니잖아?

더 많은 시간과 사연들 속에 묻혀 웃으며 떠들며 살아가지들 않나? 그러다 재미있는 것 다 가고 혼자 남았을 때,

그때도, 그만큼의 조금을 떼어내 잠시 추억에나 잠기는 정도 아니겠어? 그러니까 사랑한다는 것도 다 허망 아니면 미망 아니겠어?

늙은 사내의 등

늙은 사내의 등은 늦가을 꽃밭 같아서
움직일 때마다 꽃들의 소리가 우르렁거리지

부르르 떨리는 거문고 소리
헤비메탈의 정점에 올라 터지는 방언

빈 병을 훑고 나오는 뱃고동 소리
오르며 긁히는 닻의 쿨럭거림까지

가슴과 등이 뚫려
마침내 일치하는 공명의 서사

파란 노을의 용접

피 울음을 그친 노을이 파릇한 결기로 오름을 보았어.

한없이 울기만 할 게 아니란 것을, 모든 핏물이 얼마 지나지 않아 다 보타버릴 것을, 느꼈던 거지
피의 색깔이 점점 검어지는 것을 보았던 게지

붉음을 태워 노랗게 치닫다 마침내 퍼렇게 질주하는 용맹을 찾아낸 거지
쇠와 쇠를 이어 붙이는 장렬한 질주의 용맹을 찾아낸 것이지
싸늘한 쇳덩이의 양 끝을 격려하며 그들에게 뜨거운 열기를 불어넣어 준 것이지

그러니 이제부터 노을은 새파랗게 눈을 뜬 꽃밭인 것이지.

마음 속 옷핀 하나

벽돌색 보도블럭에 누워 하늘을 노리는 옷핀
을, 내려다보았다.
누군가의 칼이었을 창백한 의지는 고이 잠겨져 있었다.
그의 칼은 그의 권력 이어서
그가 일으키고자 했던 나라가 팽팽하게 당겨져 있었다.
수억 번의 호흡이 저 속으로 돌며 원심의 시위를 활로 쟁여 놓았을 것이
다.
그는 가끔 칼집을 풀어 칼날을 벼렸을 것이고
숨을 가다듬어 드디어 또 잠갔을 것이다.
뾰족한 그 칼끝으로 권력은 쉽게 찔리지 않았고
혁명은 늘 요원했을 것이다.
그래도
저토록 기나긴 권력의지를 이토록 오랜 시간 온몸으로 꿰어 나갔을 것이
다.
오로지 혼자, 누구도 몰래.
오늘, 낯선 길바닥에 누운 저 권력은 그가 버린 것일까 잃은 것일까.
길 위에 누운 창백한 옷핀. 내 맘속에 찬란한 검劍 하나.

백열등 졸던 밥상

마른 고구마순이나 고사리를 불려
그나마 몸피를 갖추어 버짐이나 가시게 하고
하지감자 썰어 깔고, 그 위에 간 것 한두 마리 얹혀
맑은 조선간장 한 바퀴 휘두른 다음
쫑, 쫑, 쫑, 독 오른 풋고추라도 올리고 나면
햇빛도 웃통 벗고 숟가락을 잡는 한낮이 금세 와 기다리는 계절
마음 하나 빼고 모두 허름해 덜컹거리던 선창의 골목식당이
그리운 것이다. 죄송한 것이다. 그 쫓기던 시절의 밥상들
그래서 불 지펴 보는 삼십 촉 백열등 깜박대던 군산群山의 어느 밥상.

매미

우지마라.
끌려와 달라붙은 통곡의 저 시절들을
용서하라 매미여.
비 오듯, 눈 오듯, 꽃 피듯, 낙엽 지듯,
네 거룩한 죽음 정해진 삶의 한계로
용서하라.
떠나야 할 날을 하루씩, 하루씩, 맞이하는 처절한 외침으로
제 사라질 날도 몰라 앵앵거리는 사람들의 벌벌거림을, 웅성거림을, 용서하라
우지마라, 매미여.
노을 앞에서 늦은 귓속으로 내리는 성령의 소리
부활을 약속받는 전주곡으로 기도할 터이니
우지마라. 매미
속세의 껍질을 빠져나와 마침내 오를 이레만의 하늘, 목울대를 움켜쥐어라.

먹고 산다는 것이 그렇다

굵은 눈송이로 박히는 화인火印

이마를 찍는 퍼런 불꽃의 침선針線

온몸을 싣고 불길 속으로 뛰어드는 흔적의 염원念願

오체투지 긁힌 자국으로 박히는 생활의 탄흔彈痕

이런 것들을 기대하는 목마름들이 데인 상흔傷痕

그것마저 징발당하는 순간들

펼쳐 놓으면 생은 사라진 점묘點描의 분분함

그것들의 몰아침에 눈을 뜰 수 없는

눈 오는 날의 사선針線

한 점 먹을거리들 그렇게 퍼붓는 눈 오는 날

아득하면 쓸쓸한 것

바다도 땅도, 무엇이든 아득하면 쓸쓸하고
그러다가 그 넓음이 사라지면 처량해진다.

고향 벌판을 밟던 기억이 그렇게 사라지고
외죽도外竹島 방문 앞까지 철썩거리던 바다도 멀리 뻗어나자

사라질 것은 다 사라져 버렸다.

보이기만 할 뿐 아무것도 할 수 없는
아득함이란 그래서 저쪽에 있다.

백엽 白葉

핏줄만 남은 가랑잎들이 모여 체온을 나누는데

바람이 그들을 더 구석으로 또 몰아부쳐 버리네요

가는 뒤척임에도 삐걱대는 소리가 출렁거리고

어느덧, 제 한 몸으로는 어떤 불빛도 만들어 내지 못 할 축축한 젖음

부둥켜 안고 서로의 몸을 흐르는 녹색 피를 핥아 보네요. 서로서로.

본향을 떠나기 전 만났던 자리에 옹기종기 모여

조금도 변하지 않은 그 시절의 냄새를 다시 맡아 보는 걸까요

힘빠져 가여운 마른 이파리들

한 때는 웅장한 녹색 하늘을 가리고 애플시럽 붉게 입술을 넘었건만

안개 프로세스

슬픔 전에 있어야 할 것은 분명해야 한다는 것

아직 불길이 남아있다면 남겨질 재의 흔적까지 가차 없어야 할 것

그리고 혁명의 치열성과 진실일 것

그렇지 않다면 슬픔까지도 당연한 유죄

파르라니 날 선 핏빛이 뿜어내는 비릿한 안개

울지 마

바싹 당겨 앉은 눈으로 고인 맑은 슬픔이 아래를 내려다볼 때
노을 가득한 운무 너머로 그에게 오직 할 수 있는 말

"울지 마. 울지 마. 울지 마."
그런 내 어깨에 손을 얹고 그의 눈이 내게 하는 말도
"울지 마. 울지 마. 울지 마."

맞닿은 폭포의 깊은 계곡으로 메아리치는 "울지 마. 울지 마. 울지 마."
파도여 울 것 없다. 바람아 너도 울 것 없다.

"우리 얘기 좀 해요"-1

가장 묘한 찰나.

불안이거나, 설렘이거나

고해성사 전, 온몸이 바짝 마르는 지상의 열반.

거꾸로 솟아 도는 대혼돈.

긴 순간. 짧은 빅뱅.

블랙홀로 빨려드는 소리 없는 카오스.

"우리 애기 좀 해요"-2

누구나
저 소리가 들리면
괜히 번개가 번쩍
천둥이 우르르

"우리 얘기 좀 해요"-3

파삭한 이파리 하나 털썩 주저앉는다.

"우리 얘기 좀 해요"-4

"기억나지 않아요."

"우리 애기 좀 해요"-5

"무슨 말이라도 해."야 하겠지만

가을 꽃밭에서

꽃씨를 딴다.

꽃은 여러 번 눌러 담아 보았지만
때가 바뀌면 언제 그랬냐 싶어
그때마다 스스로 민망했다.

꽃씨를 따 담아 접는다.

그 계절이 되면

사람이 그냥 나뭇잎이 되어 버리네.

나풀거리다가, 나부끼다가, 제풀에 겨워 파삭 말라버린 몸 그대로 주저앉아 버리네.

그 계절이 되면

한살이가 나뭇잎으로 잠깐 눈에 띄었다 바로 휘날려 바쁜 척 사라져 가네.

때로는 못 본 척하며

때로는 맞춤한 날을 잡아 목이 긴 열차나 쓸쓸한 시외버스를 타고 떠나주는 거야.

그때까지 이루어지지 않은 다짐이나 한참 지나버린 약속을 더 기다리지 않고 내가 먼저 자리를 비켜주는 거야.

늦게라도 그것들은 반드시 올 것이며, 당장 내 눈앞에서 펼쳐 보아야 할 일들은 아닌 만큼

이미 지나버린 바람이든, 눈발이든, 외로운 날. 그냥 떠나주는 거야, 비켜주는 거야.

그것들은 나보기가 미안해, 민망해, 바로 앞에까지 와서도 머뭇거리고 있는지 모를 일이니까.

그리워할 것이 없으면

그대, 외롭다고 느낀다면 무엇인가 그리운 것이다.

사랑도, 명예도, 시리면 시릴수록

그리우면 외로운 것이다.

그리워할 것이 없으면 외로워야 할 것도 없다.

무엇인지도 모르게 저리고 저린 계절

가봉

옷을 맞췄다.

이승을 마친 기념으로

주머니가 없는 은행잎 빛 삼베옷.

어머니가 말씀하셨다.

"깨깟허게 데레 입고 오거라".

"욕봤따".

Beyond

그의 한쪽 어깨에 턱을 얹을 때쯤, 그의 목덜미에서 일어나는 소름들을 만나는 후미진 능선을 사랑한다.

아련히 보이는 그의 등 저 아래까지 펼쳐진 제법 평평하고 제법 굴곡진, 그의 내일이 궁금해 더 바싹 껴안으려 힘을 더한다.

영원히 만져 볼 수 없는 등 너머의 사랑 영원히 가볼 수 없는 평원의 건너.

꽃의 채찍

시들어 버릴 꽃이었다면 차라리
눈을 감고 지나쳤어야 했어.

책상에 앉아 민망스레 목을 꺾는
분연했던 욕망들을 멀뚱하게 바라다보는 것은
한 방울씩 떨어지는 폭포의 무게

질긴 고문의 채찍이 갈기 낸
흩어지는 꽃들의 모습을 도대체 어쩔 심산이었던가.

병瓶의 이유

어쩐 일인지, 다시 제집인 듯 미끄러져 들어오는 시간들.
병瓶의 마개를 잠근다. 돌아온 상심들을 보호해야 한다는 의지다.
깊은 새벽 돌아온 저들의 푸념이나 다짐은 이제 편안하리라.
그렇게 발효되어 팽창의 어느 끝날, 나를 두드려 문을 되돌리려 하겠지.
앙금의 회오리를 맹세하겠지.
그날도 크게 별다른 날은 아닐 것이지만
모르지, 그날만큼은 혹시 엄숙하게 첫 잔을 마주칠지도.
기실, 조용하게 바닥을 받치고 있던 다짐들이나
처음 고개를 내미는 희망과 용맹들이나
되돌아왔던 참담들까지도 믿는 건 오직
나의 깊음에서 찾는 평안함 같은 것들이어서
내가 늘 병瓶을 깨끗하게 비워 놓으려 하는 이유야.
그래서 조금이라도 더 따뜻하게 데워 놓으려 하는 거야. 가슴속의 병瓶.

조롱받는 사람

훈장도 조롱받아 너덜거리는 세상
벚꽃 난분분하던 날의 뽀얀 길거리를 지난다.
환청으로 달려드는 공포탄, 천둥 갈라지는 아우성
소리. 그날처럼 후다닥 성당으로 튀어 올라 몸과 마음을 가린다.
무릎을 꺾고 가슴에 박힌 참전확인증을 꺼내어 잘게 찢어 날린다.
꽃잎 고요한 하늘, 레테의 다리를 건너는 라때의 트라우마.
내가 한 사랑은 잘난 사랑이 아니었네.

너무 다른 꿈의 행복

당신들이 말하는 꿈이란 결국 당신들이 쌓아놓은 골격을 기어오르다가, 꼭대기나 하늘을 쳐다보다가, 마침내 고개를 숙이고 마는 그런 생을 살라는 것을 꿈으로 갖고, 당신들의 노예가 되기를, 그런 꿈을 갖기를 바라지만

천만에, 우리는 그런 따위를 꿈이라 생각하지 않으며 그런 꿈은 애당초 갖지를 않아요. 우리는 당신들이 상상할 수도 없는 꿈을 가지고 있고, 조금씩 매일 이루어 가며, 어떤 꿈은 이미 이루고, 벌써 다른 꿈을 향해 가고 있으니까요

그러니 제발 우리에게 썩고, 낡고, 허황한, 그런 꿈같은 꿈 이야기는 하지도 말아요. 우리는 이미 꿈을 꾸고 꿈을 향해 달리고 있으니까요. 우리의 꿈은 행복이니까요.

꿈에

벼르던 고향을 떠밀려 다녀온 저녁

일몰의 눈을 감겨 지그시 보내고

사라진 내 눈도 감고 자리에 눕자

이제까지 처음 본 길 위로

구름인 듯, 사른 향의 춤사위인 듯,

조금은 넓어진 그 솔밭 길로 아주 밝지도 아주 어둡지도 않은

달빛 저편으로 여럿이 차츰 보이며

들뜬 나는 생애 처음의 황홀경을 과연

어찌해야 할지를 헤아리기에 넋을 놓고

떠나는 날도 이 같으리. 생애 처음 맞는 마지막이리.

늙은 가수의 무대

늙은 가수가 노래 부르는 모습

을, 사람들은 어떤 생각으로 바라볼까?

를, 생각하는

변두리 철 지난 가설무대로 흩날리는 싸락눈.

소리

…을 향해 걸어 들어가는 소리가 저벅저벅 들린다.

낡은 복도 위 바싹 마른 판자를 밟을 때 튀어나오는 신음은 한참 달리는 열차의 탈선을 경고하는 절규다. 나를 밟아다오.

그런 저벅거림에 대해서

오늘은 철벅, 젖은 물기가 흐른다.

초가실 아침에 내리는 비

떨어지는 소리가 두려워서일까.
움츠러든 어깨, 살그머한 안개로 꽁꽁 동여맨
참, 그러하고 거시기한 시야.

다시 자책의 아름다움을 생각하며

발광보다는 차라리 자책이어야 한다는 생각이야.

저항이나 혹은 불복.

눈물이 사라진 졸업식을 붙들고 메마름을 한탄할 일이 아닌 다음에야, 고래 소리 뿜어 올린들 바다는 이미 넓고 넓어 왔던 것, 요즘 졸업생들이 던져 올리는 것들이 하늘로야 올라가겠는가.

모든 그러함 들이야 모두 그러하겠지만 그래서 발광을 쳐본들 빛이 나겠어?

그러니 깊은 내공으로 한 눈물 삭혀내는 거라는 생각이야.

추운 날의 별

추운 날 떠 있는 별은 유난히 맑아
그의 뺨에 보풀진 성에의 떨림까지 보이지

그런 날 날리는 눈발은 푸석푸석 가볍기 마련이어서
어느 한 곳 편하게 자리를 잡지 못해

바라보는 마음마저 서성거려 찬 기운 자주 들락거리는 몸
홀연 두둥실 떠오르지

따순김 오르는 국밥이라도
한 술 훌훌 떠먹이고 싶지

포옹

사랑에 격한 나머지를 더 챙겨 보거나, 또는 더 챙겨 넣어주기 위해, 숨이 막히도록 껴안고 목덜미를 넘겨 보지만

이미, 너머에 있거나 지나쳐 서로의 뒷마당만 바라보는 꿈속 옹알거림에 달려드는 불규칙 호흡의 습관

새벽은 이런 습관들이 가지런히 줄을 서서 허전한 가슴들을 도닥이며 맞아들이거나 떠나보내는 장엄한 위로의 시간. 그래서 저절로 무릎을 꿇고 가슴을 저미고

귀하고 소중하여 사랑하는 오직, 들은 다 너머에 있지.

너무 깊게 감추어 놓았나?

다 내려와 가는데
아무리 찾아보아도 올라갈 때 숨겨놓은 나의 꽃들은 보이지 않네.

너무 꽁꽁 감추어 놓은 꿈
어떤 사람은 올라갈 때 보지 못한 꽃도 내려올 때는 보았다는데.

귤락

 귤껍질을 벗기면서, 나는 언제 한 번 스스로 나를 먼저 벗어 본 적이 있는가를 생각해 본다.
 살갗 속으로 들러붙은 귤락을 떼어내며 내가 안고 있는 것, 떼어내지 못한 비굴했던 시절과 비루했던 마음들,
 정직하지 못한 생활 밥벌이에서 만나 저지른 것들을 생각한다.

숲의 표면적

타버린 인생이 남긴 사이로 드는 하늘
눈에 보이는 것만 길이 아니다.

숨어버린 과거는 이보다 얼마나 많고 많은 것일까.
나도 모르는 몇 배의 어제들이 매몰된 표면적은
겨우 보이는 오늘을 보고 어떤 표정을 지을까.

숨어 올려다보거나 내려다보는 마음
이미 떠나버린 육신을 껴안고
다시 사랑을 애원하는 것은 얼마나 아플 것인가.

굵은 소금 같은 눈물 한 방울 바위처럼 굴러 내려
빙하가 지나간 흔적에 남아있는 사랑은 또 얼마나 애처로운가.

마음의 비밀을 이제야 알았음은 얼마나 무서운 것인가. 잔인한 것인가.

집

벽과 창은 실은 조금 비겁한 것이고 편협한 것이지.
저녁이면 우리는 그것에 갇혀 눈을 감지.
열린 세상에서 채운 것들이 거기서 또 매일매일 함몰되어 없어져 버리지.

바람과 숲

그가 온다는 기별이 닿자
숲은 숨막히는 미열에 떨기 시작했다

맨 앞에서 그를 맞이할 댓잎들은
서로 사각사각 벼르고 벼르다가

그가 문을 열자마자 그를 잘라 낼 것이다
긴 여로에 담긴 사연을 한꺼번에 다 들어줄 수는 없어

목차

대부분 교과서는 끝까지 펼쳐진 경우가 드물었다.

모든 순서의 끝은 어떻든 노랗게 물들며
마침내 파삭한 몸피를 드러내며 저 끝에 감춰져 눌려있었지.

생의 앞머리에는 대강 견디어 나갈 순서가 표시되어 있지만
그것들을 하나하나 꼼꼼하게 챙겨두는 일에는 소홀할 수밖에 없었다.

그날들은 균형을 내리는 추錘가 까닭모를 훈풍에 마냥 설레었으니까.

때로는 중간중간 서둘러 앞 장을 되돌려 제 자리를 찾아보기도 하지만
그렇다고 생이 목차처럼 넘겨 나아가지 않는 것을 알면서도

어느 계절이나 어느 시간에는 물끄러미 저 앞머리의 목차들을 들춰 보기도 하는 것이지
가보지 않은 부록의 해답까지 눈치껏 슬쩍슬쩍 살피면서.

거미

거미줄을 잘랐다.

빗속에 드러난 빛의 방사진 영역
에, 관한 눈물을 닦아 주었다.

맺혀 달린 각 욕망의 결기도 털어 주었다.

이제 곤란한 줄타기를 하지 않아도 될 터.

거미는 자유로울까?
저 중심에 도사린 며칠간의 생식.

환절기

모든 계절은 당당하게 오지 못하고 떳떳하게 가지 못했다.

문 앞에서, 언제나 그들은 사랑을 처음 만나는 사춘기같이 붉은 얼굴을 감추기 위해 밤에만 움직였으며 소리조차 내지 않았다.

비라도 내리면 반가이 움직임을 서둘러 살며시 오고 갔다.

그러니 계절은 사랑이니, 그렇게 오고 가는 것이니

행여 문소리를 기울이는 것이야 명왕성 가는 은하철도를 기다리는 것이기나 할 터이지.

늘 "내일 봐요"라던 사랑이 어제 "다음에 봐요"라며 곁을 비켰다.

나는 팍팍하지 않기로 했다

나는 팍팍하지 않기로 했다.
산을 내려온 바람도, 바다를 건너온 바람도
급한 저들의 팍팍함을 전하고
올려 본 하늘에도 마른 구름이 흩어져 갈라진다.
팔 뻗쳐 안아보는 사랑들도 팍팍하게 말라 들어가고
마주치는 눈빛들도 팍팍하고
술잔 속으로 드는 소리마저 터덜터덜 마른 먼지가 인다.
오가는 말들은 이미 가벼워 눈먼 황사 되어 날라가 버리고
어쩌다 내리는 눈발도 밭은기침 쿨럭쿨럭 튀는
무미하고 건조한 팍팍함이다.
별도, 달도, 사랑도, 호흡도, 눈물도, 어린아이도, 목숨도, 웃음도, 꽃도
성공이나 실패 같은 순간, 일어섬이나 주저앉음 같은 찰나,
음악도, 미술도, 거리도, 자동차도, 들고양이도, 사람들도, 하늘도, 땅도
모두 모두 팍팍해 마침내 굳어 단단한 껍질 속으로 생명을 타협하는 팍팍
한
팍팍함을 위해 나는 눈물을 흘리기로 했다.
하얗게 태워버린 하루에 질린 연탄재 위로 아주 조금씩 떨어져
언젠가 스며드는 눈물이나 세상의 흐름. 들, 처럼

발트에 핀 파꽃

삼리三里집 옥상에서
산 가슴에 박힌 절을 바라보며
벽돌색 고무다라이 화분을 지키던 무사
너를 처음 보았어.
발기된 왕관처럼, 우뚝
부활한 부처처럼, 부릅뜬
너의 눈을 보았어.

민들레처럼 흩어 날리지 않고
굳게 뭉쳐 단단한 너의 결기를
찬란한 백색 왕관을 보았지.

내가 다시 꽃이 될 수도 있다는 사실
이, 사위어 가는 파의 줄기 위로 솟은 너를
푸른 결기를 챙겨 본 거지.
네 왕관으로 왕국의 꿈을 꾼 거지.
부활의 불을 지핀 것이지.
발트의 의로운 보석 어느덧 사라진 이브
사랑은 쉽게 죽지 않아.

📖 먼저 읽고 나서

고요한 풍경을 통해 인생의 여정을 서정적으로 그린 언어의 아름다움과 깊은 사유.

자연과 종교적인 상징을 유기적으로 결합하여 삶의 순환과 신비로움을 표현한 음악적인 언어와 감성적인 표현이 돋보인다.

단순한 사랑의 표현이 아니라 삶과 사랑에 대한 철학적인 고찰. 허망함과 미망함에 대한 깊은 생각이 늙은 사내의 등을 통해 생동한다. 자연의 아름다움과 용접을 통한 진화의 과정이 세련됐다.

'위도'蝟島에서는 혼돈 속에서도 희망을 찾고자 하는 의지로 어려움에 대한 직면과 자아 발견, 섬과 섬의 연결을 통해 인간의 관계와 삶의 여정을 자연과 인간의 상호작용으로 담았다. 풍랑과 혼돈 속에서도 빛을 발견하고자 하는 긍정적인 메시지다.

권력의 양면성과 인간의 본질을 '옷핀'으로 꿰었다. 소소한 순간의 아름다움을 발견, 평범한 일상에서도 특별한 순간을 찾는다.

'매미'가 우는 노을 앞에서 성령의 소리와 부활을 기대하는 나뭇잎을 소망하는 갈매기는 인생의 부조리에 대한 안간힘이다.

피의 화려한 시간은 불길, 화인, 불꽃 등을 통한 고난과 투쟁이어서 '먹고 산다는 것'이 얼마나 귀중하며 어려운 일인지를 전달한다.

표제작 '우리 얘기 좀 해요' 연작은 고해성사 전의 긴장을 현실과 상상 속에서 경험하는 찰나로 나타낸다. "지상의 열반"과 "대 혼돈" 그리고 "블랙

홀로 빨려드는 소리 없는 카오스"는 번개와 우르르한 천둥의 강렬한 반응을 불러일으킨다.

"파삭한 이파리 하나 털썩 주저앉는,," 변화는 기억의 소실 또는 부재를 가장한다. "무슨 말이라도 해. 야, 하겠지만" 아무것도 확신하지 못하는 시대의 불확실성이다.

계절이 변할 때마다 꽃씨를 따지만 스스로 민망함을 느끼는 것은 새 생명의 미래에 대한 의지적 예다. "때로는 못 본 척 하"지만, 문풍지를 붙들고 하소연하는 산의 헤진 소리와는 어려움을 기꺼이 함께 겪는다. 그러면서 그리워할 것이 없다면 외로움도 없다고 자조한다.

그런 시인을 하늘나라 어머니는 "깨깟하게 대례입고 오니라"라고 가르친다. 거울 깨지는 소리가 청량한 풍경이다. 시인은 시들어가는 꽃을 보며 "눈을 감아 지나치는 것이 나았을 것"이라고 말한다. "목을 꺾는 욕망" 들을 바라보는 고통이 꽃들의 갈기 낸 채찍을 통해 무거운 것이리라.

병의 마개를 돌려 잠그는 것은 돌아온 상심들을 보호하고자 하는 의지여서 발효되어 팽창한 감정을 깨끗이 비워 놓고 따뜻하게 덮히는 하려는 이유다. 시인은 훈장을 받고도 조롱받는 현실에서 성당으로 피난 가는 모습과 참전확인증을 찢어 버리는 전쟁과 상실에 대해 그가 '한 사랑이 잘난 사랑이 아니었다'고 자각하고 직시한다.

그러면서 '너무 다른 꿈의 행복'은 자신과는 맞지 않아 바람이 조심스레 건너와 어떤 소리라도 나기를 기도한다. 그리고 거미줄을 잘라 빗속에 드러난 빛의 방사진 영역을 통해 새로운 자유를 찾아 떠난다. '절벽에 걸린 신호등'을 바라보면서...

시인의 묘사와 상징성을 시간이라는 주제를 중심으로 한 존재론적 성찰과 일상의 미묘한 정서를 다룬 '시간은 언제나 묘했어'에서 짚어 보자.

"시간은 탄력을 회복하지 못하고"라는 표현은 시간의 불가역성과 그로 인해 느끼는 무력감을 담고 있다. 시간은 멈추지도 거꾸로 가지도 않으며, 다만 흘러갈 뿐이라는 사실을 받아들이는 인간의 내면을 잘 포착했다. "벌거벗은 육신의 기진한 눈동자"는 시간 속에서 소진되는 인간의 모습을 은유적으로 드러낸다. 시간은 육체적, 정신적 소모를 의미하며, 이 문장에서 그 상징이 강화된다.

"남들보다 거친 자상은 화인처럼 굵은 비를 긋고"라는 구절은 고통의 흔적을 시각적으로 생생하게 전달하는 상처가 단순히 아픔을 넘어 시간이 남긴 흔적임을 보여주는 상처와 비의 이미지다. 비는 정화와 동시에 무언가를 지우는 역할을 하며, 여기서는 고통과 치유가 공존하는 시간을 상징한다.

"무언가를 시작하기엔 어쩐지 늦은 듯하고 / 그렇다고 손을 놓아 버리긴 좀 어떤"이라는 부분은 독자가 공감할 만한 보편적인 딜레마 즉 모호한 경계의 감각를 표현했는데, 이는 삶의 중간 지점, 혹은 방향을 잃은 상태를 암시하며, 성찰을 유도한다.

시인의 언어는 간결하면서도 감각적이고, 직관적인 묘사를 통해 독자의 상상력을 자극, 구체적이고 강렬한 이미지를 사용하여 추상적인 주제를 효과적으로 전달하고 있다.

시적 리듬이 자연스러우면서도, 구절마다 무게를 실어주는 방식은 시간의 흐름과 그 속에서의 인간 경험을 리드미컬하게 느끼게 한다.

다만 "시간"이라는 주제가 다소 보편적이고, 자주 다루어지는 소재이기에 새롭고 독창적인 관점이 더 강조되면 좋겠다. 예를 들어, 개인적인 경험이나 기억을 조금 더 구체적으로 풀어낸다면 독자가 더 깊게 공감할 수 있을 것이기 때문이다.

-AI

무수한 생의 파편들은 어쩌면 '나잇살' 먹은 누구나 쉽게 공감할 수 있는 내용들이다. "생은 사라진 점묘點描의 분분함"('먹고 산다는 것이 그렇다」) 임을 분명하게 자각한 시인의 이야기는 그래서 자못 슬프기도 하다.

그러나 생의 유한함 속에서 시인은 나약하고 무기력하게 지내지는 않는다. "우지마라. 매미/ 속세의 껍질을 빠져나와 마침내 오를 이레만의 하늘"(「매미」)을 바라보는 눈길이나 "따순김 오르는 국밥이라도/ 한 술 훌훌 떠먹이고 싶"(「추운 날의 별」)은 마음결에서 희망을 얘기하며 유한한 생을 따뜻하게 보듬는 시인의 자세를 본다.

그러면서 시인은 "저 앞머리의 목차들을 들춰 보기도 하는 것이지/ 가보지 않은 부록의 해답까지 눈치껏 슬쩍슬쩍 살피면서."(「목차」) 여전히 미래를 궁금해 한다.

그리하여 시인은 마침내 사람살이가 "어처구니가 사는 집"임을 깨닫는다. "지지 않는 떠오름이 있던가."(「어처구니가 사는 집」) 떠오르기 위해서는 반드시 져야 한다는 것, 이것을 깨달았으니 얼마나 큰 "어처구니"인가! 그 깨달음이 있기에 "괜찮아. 봐, 괜찮잖아?// 빛도 돌아오고 다시 하늘도 높잖아."(「괜찮아·11」)라고 다독인다.

/ 장우원(시인)

배꽃 아래서, 매화꽃 아래서, 일어나 작열하는 꽃대궐의 감화다.

비명 같은 칼날의 그림자가 자주 보인다.

시인일 수밖에 없는 숙명적인 아픔도 잘 견디어 내는 시인은 축복의 사랑도 함께 보이는 격조가 높다.

밀도 높은 글이 봄날에 고무적이다.

/ 정영희(시인)